Docteur Stéphane Clerget

Bernadette Costa

Osez vous faire respecter !

Au travail, en famille, dans la rue

Albin Michel

« Point d'homme qui ne s'assied sur un autre. »
Proverbe africain

À Elsa, ma filleule.
S.C.

Sommaire

Introduction

« Nos jeunes aiment le luxe, ont de mauvaises manières et n'ont aucun respect pour l'âge. À notre époque, les enfants sont des tyrans. » Qui a prononcé cette phrase qui semble tant d'actualité ? Le philosophe Socrate, il y a plus de 2 000 ans... Preuve que l'irrespect ne date pas d'hier ! Et pourtant, le respect, ou plutôt la plainte de sa disparition, revient en boucle dans la bouche de tous. Il s'est étendu à tous les domaines de la vie, au travail, dans la rue, en couple ou en famille. Bien que nous vivions dans un monde de plus en plus sûr, l'impression d'être malmené domine. D'où vient ce sentiment d'un irrespect grandissant ? Du sentiment d'être traité comme un objet, et non comme sujet. Quand nous sommes réduit à être le numéro 485 lors d'une hospitalisation, quand la boulangère nous assène : « Client suivant ! » sans lever le nez, quand notre chef de service nous change de poste sans nous en avertir, quand notre voisin hurle dans son téléphone alors que nous essayons de travailler, c'est comme si l'on entendait : « Tu n'existes pas. » Or, c'est une violence inouïe de ne pas être considéré comme un être humain. Vous souvenez-vous de ce maire qui avait utilisé un répulsif pour éloigner les SDF d'un centre commercial ? Des hommes traités comme des chiens. Or, le respect est ce qui nous humanise, nous permet de vivre ensemble. Que se passe-t-il quand nous sommes vus comme des choses ? Nous perdons la capacité d'être acteurs et, avec elle, notre liberté intérieure, seule garante du respect. Ce livre aimerait vous donner l'envie de reprendre les rênes de votre vie, sans pour autant malmener les autres : il n'est pas nécessaire d'être agressif pour se faire respecter. Nous oublions parfois que le droit au respect va avec le devoir de respecter les

« Il faut être respectable pour être respecté. »

autres. Et que le respect commence par soi-même… Si le précepte « Aimons-nous les uns les autres » est difficile à suivre, osons proposer « Respectons-nous les uns les autres »…

Chapitre un

Un vrai monde de brutes ?

Nous avons le sentiment de vivre dans un monde de brutes, où plus personne ne se respecte. Où il faut jouer des coudes, élever la voix, voire frapper du poing pour arriver à se faire entendre... Notre société favorise-t-elle l'irrespect ?

Respect avant 68...

Une fois de plus, la révolte de mai 68 est pointée du doigt comme responsable de cette montée de l'irrespect, notamment de la part des enfants et des adolescents. N'a-t-elle pas dénoncé l'hypocrisie de la politesse ? Bafoué l'armée, la famille et la patrie ? Dans les années 1950, les enfants n'avaient pas le droit de parler à table ni d'exprimer un désaccord avec un adulte, autant de marques d'irrespect pour l'époque. Nous n'en sommes plus là heureusement. Aux nostalgiques du bon vieux temps où les enfants baissaient les yeux pour parler aux adultes, une soumission confondue avec le respect, nous voudrions rappeler que toute révolution et période contestataire mettent à mal l'ordre établi, et donc ses valeurs, que ce soit en 1789 ou en 1968. Que se passait-il avant le mouvement de contestation du printemps ? Certes, il y avait une exigence de respect des enfants vis-à-vis des aînés, mais aucune vis-à-vis des enfants. Dans le Code civil, l'article 371 stipule que « l'enfant, à tout âge, doit honneur et respect à ses père et mère », mais l'inverse n'est malheureusement pas précisé. Selon la loi, les parents doivent protection aux enfants, mais ne leur doivent pas le respect. Dommage, car nous allons voir à quel point il se nourrit de réciprocité...

Respect après 68

Toutefois, il faut du temps pour que se mettent en place de nouvelles normes. Par désir d'aller trop vite, certains ont pu être tentés de mettre la barre de l'autre côté : l'enfant imposait sa loi au parent, l'élève dictait la sienne aux professeurs, et à trop respecter leurs paroles, les adultes en avaient oublié que les jeunes ont également un devoir de respect vis-à-vis d'eux... Le respect a-t-il pour autant disparu ? Un certain nombre de codes sont effectivement devenus obsolètes, mais il tient bon, et surtout, il est devenu réciproque. Aujourd'hui, les adultes admettent qu'il est important de respecter les enfants, même s'ils ne le font pas toujours...

« Respecter un enfant ne signifie pas lui obéir. Ce malentendu a fait beaucoup de dégâts. »

La loi du chacun pour soi...

Si le mouvement de 68 n'a pas jeté le respect avec l'eau du bain, il a en revanche entraîné dans son sillage un certain individualisme qui ne lui est pas favorable. Habitués à être gâtés, les enfants et petits-enfants des Trente Glorieuses ont tendance à confondre respect et liberté totale. Comme ces adolescents qui hurlent qu'on ne les respecte pas quand on leur refuse de téléphoner en classe. Ou ces salariés qui crient au harcèlement quand on leur demande juste de faire correctement leur travail. Les dérives existent et il est dommage que le respect, belle notion s'il en est, en fasse les frais.

« Chacun veut du respect pour soi. Se demande-t-il s'il respecte les autres ? »

Cette revendication excessive est une preuve de cet individualisme où toute entrave à la liberté est vécue comme un manque de respect, bien qu'il ne s'agisse, dans certains cas, que de limiter ses exigences. Être respecté ne se résume pas à faire ce que l'on veut, n'implique pas de se situer au-dessus des lois…

L'anonymat urbain facilite l'irrespect

Le mode de vie urbain rapide, agressif, demande de mettre la barre haut pour arriver à se faire respecter dans les transports en commun, dans la rue, dans les queues de cinéma. Quand 80 % des Français vivaient à la campagne, les habitants des villages se connaissaient et se comportaient civilement la plupart du temps. La vie des villes a multiplié les occasions d'irrévérence, tant le sentiment d'appartenir à une foule anonyme ne favorise pas la courtoisie, nous le détaillerons au chapitre 5. N'ayant plus l'impression de faire partie d'un groupe d'humains, nous avons plus de mal à se respecter mutuellement.

Les lois démocratiques malmenées

Que dire encore des promesses jamais tenues de nos dirigeants ? Le respect des droits élémentaires – se loger, se nourrir – n'est pas suivi d'effet. Pire, dans notre société de consommation, le respect n'est accordé qu'aux riches, qui peuvent consommer, qu'aux puissants, qui peuvent parfois frauder en toute impunité, donnant au commun des mortels l'impression d'être le dindon de la farce. Pourtant, le respect n'est pas réservé aux plus nantis, et quand c'est le cas, c'est le signe que la société se délite, car on juge sa qualité démocratique et son degré de civilisation

« Le respect est un des piliers de la paix sociale, un signe de démocratie. »

à sa capacité à protéger ses sujets les plus faibles. Parfois encore, ceux qui ne sont plus une force de travail ne sont plus respectés, les lois du marché l'emportant sur la démocratie. Les paradis fiscaux fleurissent, les détournements de lois sont légion, comment respecter la démocratie quand ses règles sont affaiblies ? Quand le citoyen se sent moins respecté, il est moins respectueux…

Exposé, surexposé…

L'intimité bafouée est souvent à l'origine du sentiment d'irrespect. Le développement des réseaux comme Facebook, où beaucoup étalent leur vie privée, malmène cette intimité. Le blog, qui traduit un besoin permanent de raconter ce que l'on vit au jour le jour comme pour légitimer son existence aux yeux de tous, présente le même travers. Sur certains sites, on peut suivre 24 heures sur 24 la vie d'individus qui dorment, mangent et font l'amour en direct sur la Toile. Aujourd'hui, le déballage de l'intimité atteint un niveau sans précédent. De plus en plus de gens veulent être vus, dans l'espoir d'être reconnus. Nous nous sentons si seuls dans la foule, si anonymes que certains sont prêts à brader leur moi le plus intime pour quelques minutes de gloire. Mais est-ce le meilleur moyen d'être respecté ? Ils attendent de cette surexposition d'eux-mêmes le respect des autres, alors qu'ils donnent à tout le monde le droit et le pouvoir de se mêler de leur vie, de leurs choix. Dans les émissions de témoignages, où voyeurisme et compassion sont deux piliers indispensables au succès, les personnes viennent souvent témoigner en victimes, espérant être reconnues et légitimées dans ce statut. Elles pensent qu'en racontant leur vie, elles vont obtenir du respect, mais c'est exactement l'inverse qu'elles récoltent : ces personnes deviennent ce qu'elles ont « confié » à des millions de téléspectateurs. Réduites à n'être plus QUE la femme violée, le mari trompé, elles perdent toute liberté de contrôle sur leur image. Elles aimeraient être considérées, mais la mise en scène de ces émissions le leur permet rarement. Elles y sont utilisées, manipulées, montrées sous un jour peu favorable, sans parler des jeux télévisés qui consistent exclusivement à humilier publiquement les participants. Dans ce contexte, « Vu à la télé » est rarement signe de respect...

La peur du chômage

La situation financière actuelle, le contexte de crise ne favorisent pas non plus le respect des individus. Par crainte de perdre leur emploi, de plus en plus de salariés acceptent d'être maltraités par leurs employeurs. Des situations inacceptables sont entretenues savamment par une hiérarchie peu scrupuleuse de l'humain, elle-même étant souvent peu respectée en haut de la pyramide : l'irrespect est une longue chaîne... La crise permet de licencier, de baisser les salaires, d'entretenir un climat de dépendance, limitant les atouts pour se défendre. La peur entraîne l'irrespect car elle diminue la prise de risque des individus. Or, c'est elle qui donne le sentiment de liberté intérieure, véritable clef de voûte du respect.

Respect rime avec liberté !

Par peur, nous renonçons de plus en plus souvent à une part de liberté précieuse et, avec elle, à la part de respect qui nous est due. En attribuant à une instance supérieure la possibilité de prendre le pouvoir sur nous, la voilà devenue conditionnelle, soumise à la décision d'autrui. Au nom de la sécurité, nous nous jetons dans les bras d'un patron, d'un homme, d'une femme, de l'État, nous installant dans une situation de dépendance qui nous infantilise et nous fait perdre tout respect. Pourquoi ? Parce que le respect, nous le verrons un peu plus loin, vient de la capacité à s'affirmer, à dire ce que l'on pense. C'est le pouvoir de dire oui, de dire non, de partir quand la situation ne nous convient plus. Sinon, nos propos perdent de leur valeur. Dans une maison d'édition en province, les salariés se plaignent de ne pas être respectés. Au-delà du comportement de la hiérarchie, il est certain que le fait que la maison soit la seule à fournir du travail dans ce domaine ne pousse pas à la révolte. Les salariés le savent, les patrons aussi… Nous verrons plus loin, dans la partie consacrée au travail (chapitre 5), que les nouveaux modes de management malmènent les salariés et conduisent ces derniers à ne plus se respecter, les rendant incapables de se faire respecter à leur tour.

Un besoin de sécurité de plus en plus important

Mais attention, si la crise a bon dos côté employeur, elle l'a aussi côté salarié. D'une manière générale, notre société est devenue de plus en plus frileuse. Nous voulons des garanties, nous ne supportons plus le risque. Jamais le besoin de protection n'a été aussi grand, jamais nous ne nous sommes sentis aussi fragiles ! Les protections privées se multiplient, sans être toujours justifiées.

À trop vouloir de sécurité, au travail comme à l'extérieur, nous nous mettons nous-mêmes en prison et devenons vulnérables… Naturellement, il ne s'agit pas de dire que le respect de soi dépend d'une liberté totale, nous n'avons pas le pouvoir absolu sur tout. Si l'on quitte une entreprise dans une région économiquement peu dynamique, le risque de ne pas retrouver un emploi facilement existe ; ce n'est toutefois pas une fatalité. L'audace peut parfois, et même assez souvent, se révéler payante et nous donner des ailes pour créer autre chose, changer de voie… Se faire respecter, c'est reprendre le pouvoir sur soi, sur sa vie, et non le pouvoir sur les autres, comme on le croit bien souvent.

« Le respect sourit aux audacieux. »

À « prise de risque », préférons le mot « audace ». Pourquoi respecte-t-on les aventuriers ? Parce qu'ils osent aller au bout de leur rêve, de leur liberté. Ils gardent la capacité d'entreprendre, même s'ils échouent. Si nous nous moquons du matamore, du vantard trop sûr de lui et guettons avec satisfaction ses échecs et ses faux pas, l'audacieux humble nous impose le respect parce qu'il a su surmonter ses peurs.

Chapitre deux

Qu'est-ce que le respect ?

Le respect est une notion difficile à cerner. Il peut être confondu avec la politesse, l'admiration, l'affection ou encore la peur que l'on inspire...

Le respect, chacun y a droit

Que dit le dictionnaire ? « Le respect est un sentiment qui porte à accorder à quelqu'un une considération, en raison de la valeur qu'on lui reconnaît, et à se conduire avec lui avec réserve et retenue » (*Le Petit Robert*). Le sens commun étend le respect aux personnes auxquelles nous accordons une certaine autorité, celle du parent sur l'enfant, du professeur sur l'élève. Se faire respecter, c'est obtenir de l'autre qu'il nous prête attention et supporte nos différences. Respecter autrui, c'est prendre en compte le fait que nos paroles et nos actions puissent avoir un impact sur lui. Le respect interroge la conception que nous nous faisons de l'humain. L'animal, lui, ignore le respect. S'il ne nous mord pas, c'est parce qu'il est attaché à nous ou qu'il a peur de prendre un coup. Très hiérarchisé, le monde animal ne connaît que la soumission ou la force. Le respect est le propre de l'homme. La règle d'or est donc de considérer qu'en tant qu'humain, vous y avez droit, autant que tout un chacun. Que vos opinions, vos croyances, vos sentiments, vos envies, vos émotions ont autant de valeur que celles de n'importe qui. Vous avez le droit de ne pas comprendre tout de suite, de vous tromper, de changer d'avis, de ne pas rendre service à quelqu'un qui l'exige de vous, de ne pas être d'accord avec lui.

« Respecter autrui, c'est lui reconnaître tout simplement la même humanité, la même valeur qu'à soi-même. »

Le respect n'est pas l'amour

Le respect n'étant pas si facile à définir, peut-être pouvons-nous mieux le cerner par ce qu'il n'est pas, par une définition en creux. Le respect n'est pas un sentiment psychologique, mais une démarche rationnelle et morale. L'affection peut favoriser le respect – car si l'amour n'est pas le respect, il n'en est pas le contraire non plus – et si nous les confondons parfois, c'est bien qu'ils entretiennent un lien, sans être synonymes. La preuve ? Nous pouvons respecter un ennemi pour son courage, sans l'aimer pour autant. L'amour, nous l'attendons de notre famille, de notre compagne ou compagnon, de nos amis, et attendons qu'ils nous respectent, même si les sentiments compliquent la situation, nous le verrons plus loin. Mais nous n'attendons pas que tout le monde nous aime, ce serait très envahissant ! En revanche, jamais trop de personnes ne nous respecteront…

Le respect n'est pas la peur

« Plus on est chiant, plus on se fait respecter » déclarait une actrice dans un magazine féminin. Disons-le tout net : nous ne sommes absolument pas d'accord avec cette assertion. C'est une fois de plus confondre respect et soumission. Certes, il est possible que la personne accède à notre demande, mais elle ne nous respectera pas pour autant, car le respect se nourrit d'estime. Il ne consiste pas à se soumettre au désir de l'autre, ni à obtenir de lui une complaisance et une obéissance aveugle. D'ailleurs, respecter une personne dont on a peur, est-ce vraiment du respect ? Avec un pistolet à la main, on l'obtient forcément ! L'imposer n'est donc pas synonyme de force, mais plutôt un aveu de faiblesse, comme le professeur qui crie pour se faire entendre de ses élèves, ou le caïd qui frappe de peur d'être frappé...

Le respect n'est pas toujours de l'admiration

On peut respecter quelqu'un que l'on admire... ou pas. La personne admirée est souvent mise sur un piédestal dont elle ne peut plus bouger. Tant qu'elle est haut placée, elle est respectée, mais gare à la chute ! C'est particulièrement vrai dans le monde professionnel, où celui qui réussit ou a le pouvoir est admiré de tous jusqu'au jour où la roue tourne. Tombée de son socle, cette personne tant idéalisée n'est plus respectée, preuve que le sentiment qu'elle engendrait relevait plus d'une admiration – ou d'une soumission – liée à son statut et à son pouvoir qu'à un véritable respect.

Le respect n'est pas la politesse

Comme pour l'affection, la politesse nourrit et favorise le respect, mais ne le définit pas.

Nous pouvons faire preuve de politesse vis-à-vis d'une personne pour laquelle nous n'avons pas beaucoup de considération. La politesse est l'huile dans les rouages de la société, elle nous permet de vivre ensemble sans heurt majeur. Elle est un paravent à la guerre, à la loi de la jungle, à la violence. La politesse est un code extérieur, le respect, un sentiment intérieur, qui introduit des notions de considération, d'estime, de reconnaissance. Certaines personnes sont respectueuses des autres sans pour autant posséder les codes de la politesse. D'une certaine façon, le respect est plus égalitaire que la politesse qui, elle, s'enseigne. Ses règles sont parfois complexes, nécessitent une bonne éducation. En revanche, le respect est plus difficile à enseigner parce qu'il procède de l'identification : des parents respectueux auront bien souvent des enfants respectueux... (Voir chapitre 5.)

Respect ici, irrespect là-bas

Notons enfin que les marques de respect changent d'une culture à l'autre. Photographier une personne sans son accord dans les pays du Maghreb est totalement irrespectueux, comme se toucher en Inde, alors que ce dernier comportement est encouragé dans les cultures méditerranéennes. La distance corporelle à respecter n'est pas la même selon que l'on vit en Allemagne ou en Espagne. Les codes des autres sont à prendre en considération : entrer dans une mosquée avec des chaussures, c'est bafouer ce que les musulmans respectent, rire à gorge déployée dans une église, c'est bafouer les catholiques…

« Devenir une personne respectable, c'est respecter ce que les autres respectent. »

Chapitre trois

Pourquoi ne suis-je pas respecté ?

La première pierre du plan d'action que nous vous proposons est de passer en revue les différentes raisons pour lesquelles vous n'êtes pas – ou ne vous sentez pas – respecté, afin de trouver celles qui correspondent à votre histoire personnelle.

Retour en enfance

L'éducation reçue durant l'enfance joue un rôle capital. Le modèle donné par nos parents inspire largement nos conduites. Étaient-ils eux-mêmes frustrés, toujours soumis aux autres ? N'osaient-ils pas affronter leurs propres pa-rents ? Dans ce cas, il est probable que vous ayez hérité de leur difficulté. Certains développent une réaction inverse, les amenant à être trop agressifs, dégainant leurs couteaux à la moindre remarque, ce qui n'est pas non plus la meilleure façon d'obtenir du respect. Le mal vient peut-être d'une difficulté à vous affirmer, parce que vos proches ont passé leur temps à vous dénigrer, à se moquer de vous, à rabaisser vos initiatives, minant ce capital précieux de confiance en soi indispensable au respect. Cette éducation malveillante vous laisse à penser que vous avez forcément tort, que les autres comptent toujours plus que vous, qu'ils savent mieux que vous, que votre point de vue est dénué d'intérêt. Un enfant qui n'a pas été respecté petit garde une difficulté à s'affirmer par crainte des représailles. De la même façon, un entourage constamment inquiet, surprotecteur, qui ne vous a laissé aucune initiative par crainte d'un accident, ou plus inconsciemment, par peur de vous voir vous émanciper de sa tutelle, conduit à la même attitude : vous n'osez pas prendre de risque. Des parents frileux, conscients de leur difficulté, peuvent pousser

« Élevez votre enfant au-dessus de l'irrespect. »

leur enfant à être celui qui ne va pas se laisser passer devant au toboggan, pensant à tort qu'en faire un pitbull l'aidera à se faire respecter.

La peur du conflit

La peur du conflit est une des raisons les plus fréquentes du manque d'affirmation de soi. Les personnes qui fuient l'affrontement confondent le conflit avec l'agressivité. C'est votre cas ? En retenant votre courroux parce que vous avez été trop bien policé, vous en venez à vous laisser marcher sur les pieds. Les bénéfices ? Vous évitez la peur inhérente à chaque bagarre, les autres vous félicitent d'avoir su apaiser la situation. Mais ces frustrations répétées s'accumulent et vont peser au fil du temps. Le statut de martyr est rarement satisfaisant... Même si dans un premier temps l'entourage vous sait gré d'avoir cédé, petit à petit, il va vous manquer de plus en plus de respect, voire abuser de ce qu'il considère justement comme votre faiblesse. Il ne compte plus sur vous, ne vous regarde plus comme un interlocuteur valable capable d'imposer ses points de vue. Peut-être même finit-il par vous mépriser, se moquant de votre tendance à être toujours de l'avis du dernier qui a parlé. Cette image d'un individu sans personnalité augmente la mauvaise estime de vous et la boucle est bouclée. Non seulement le refoulement de vos émotions conduit à vous faire malmener, mais il a des conséquences sur votre santé, créant des troubles psychosomatiques, comme un ulcère ou une surcharge pondérale. Avec les émotions refoulées, la bile et les kilos s'accumulent...

Les trop gentils

Dans la même catégorie que ceux qui veulent à tout prix éviter le conflit se rangent les « trop » gentils. À distinguer des gentils, nous ne le répéterons jamais assez, tant notre époque confond gentillesse et faiblesse. Or la gentillesse est une attitude volontaire, un processus actif dans le souci de protection d'une personne qu'on ne connaît pas forcément, juste parce qu'elle est un être humain comme nous. Malheureusement, elle n'est pas entendue comme telle et certains faibles profitent de cette bienveillance pour, pensent-ils, s'affirmer. Il est tout de même paradoxal de considérer la méchanceté comme une qualité, et la gentillesse comme un grave handicap ! Certains confondent être méchant et être capable de poser des limites, défendre ses droits et son espace. Le problème n'est pas d'être gentil mais de ne pas savoir s'affirmer. Or il est tout à fait possible d'être ouvert aux autres, sensible, de faire preuve d'empathie dans certaines situations, et de savoir par ailleurs dire non, sans se laisser manquer de respect.

Les agressifs intérieurs et extérieurs

Certaines personnes n'arrivent pas à se faire respecter parce qu'elles ont peur de s'emporter, redoutant leur violence intérieure. Elles craignent qu'en ouvrant légèrement les vannes ne déborde un flot de haine. Elles rongent leur frein, avec la crainte permanente d'exploser.

À l'inverse, d'autres deviennent agressifs et violents dès la moindre remarque, toujours prêts à en découdre. Incapables de moduler leurs humeurs, ils estiment que pour se faire respecter, il faut être craint. D'où vient cette confusion? Certains médias laissent entendre que le respect n'est donné qu'à ceux qui aboient le plus fort, agressent, adoptent un comportement arrogant et méprisant. Ces personnes-là vont sans doute faire peur aux autres, mais elles ne seront pas respectées pour autant. Au travail, elles finiront peut-être par se faire licencier pour comportement caractériel. Et elles ne trouveront alors personne pour leur tendre la main et les aider parce qu'elles n'ont jamais respecté quiconque.

« Œil pour œil, dent pour dent, et tout le monde est aveugle. »

Se mettre trop à nu

On l'a vu, la perte de l'intimité est un facteur fragilisant pour le respect. Certains racontent tout de leur vie, laissant penser aux autres qu'ils ont toute légitimité pour les juger. Or, quand nous livrons trop de détails sur nous-même, nous ne sommes plus « étanche », nous donnons du pouvoir aux autres sur notre vie. Cette attitude qui masque souvent une peur du rejet, une recherche désespérée de l'approbation des autres, est la porte ouverte aux abus. Les autres comprennent assez vite notre vulnérabilité, la dépendance dans laquelle nous installent ces longues plaidoiries sur nous-même. Attention donc à choisir les personnes à qui nous nous confions…

« On respectera davantage une personne respectée par les autres. Entourez-vous de gens qui vous respectent ! »

Coupable, forcément coupable…

Peut-être êtes-vous envahi par un sentiment de honte, réelle ou imaginaire, sur un aspect de vous que vous jugez négatif. Vous avez subi une humiliation, un viol. Que vous ayez commis une faute, ou que vous l'ayez subie, vous ne vous faites plus respecter, considérant comme normal d'être méprisé.

Le chômage, la mise à la retraite anticipée, les faillites malmènent également l'image de soi : vous sentant coupable de ces échecs, vous n'osez plus vous respecter vous-même, ni imposer le respect d'autrui...

Un passé lourd à porter, une image non valorisée...

Enfant de collaborateur, de délinquant, autant d'images susceptibles d'engendrer à tort une certaine honte sociale, accompagnée d'une difficulté à imposer le respect. Que dire de ceux qui viennent de pays peu valorisés en France ? Il est difficile d'avoir honte de son lieu d'origine, ce qui explique en partie que les enfants issus de l'immigration n'aient que le mot respect à la bouche : leur père n'est pas respecté, ils ne le sont pas non plus, et tentent en retour de l'imposer par la force et l'agressivité. Les jeunes bourgeois les admirent, les imitent, parlent leur langage, mais quand ils deviendront dirigeants, ils les mépriseront. Certains jeunes pourtant parviennent à imposer le respect parce que l'irrespect à haute dose déploie leur énergie, provoque une réaction et accroît leurs compétences pour compenser leur handicap de départ. Il n'y a pas de fatalité : on peut appartenir à une culture non respectée, mais imposer le respect sur le plan individuel. On constate les mêmes difficultés dans la classe ouvrière, autrefois si fière de son statut, de son appartenance à une catégorie sociale soudée. De nombreux films mettaient en valeur les travailleurs, leurs combats, dont l'acteur Jean Gabin incarnait la figure, ce n'est plus le cas aujourd'hui. Il faut être conscient que la honte est un des sentiments les plus ravageurs pour l'estime de soi, car elle est liée à la personne, tandis que la culpabilité évoquée plus haut est liée à une action. Dans la honte, c'est soi-même tout entier que l'on rejette…

« Les propos généralisateurs comme "Les gitans, tous des voleurs" sont toujours irrespectueux. »

La solitude, une situation qui fragilise

Si vous débarquez dans une nouvelle région, que vous manquez d'appuis, il est plus difficile d'obtenir le respect. Pourquoi ? Parce qu'il nécessite de se sentir soutenu par les autres, nous aidant ainsi à nous sentir plus fort. Avoir des alliés, des gens qui nous aiment nous conforte dans l'idée que nous sommes respectable. À l'inverse, quand nous nous sentons seul, quand nous sommes déclassé, muté, divorcé, bref fragilisé par les circonstances de la vie, il nous est plus difficile de nous imposer. On le voit chez les enfants : à l'école, les « sans-amis » deviennent souvent les souffre-douleur des autres. Prenons encore un étranger qui arrive en France sans connaître la langue, sans qualification, alors qu'il vient parfois d'un village où il est respecté, ne serait-ce que parce qu'il est parvenu à passer la frontière : là-bas, il est le roi, mais ici, seul, sans sa communauté, il a le sentiment de n'être plus rien.

« Appartenir à une minorité est un handicap pour le respect. »

Mal à l'aise socialement

La différence de milieu social peut également être facteur de fragilité. Comment s'imposer dans un monde dont on ignore les codes ? Un jeune de banlieue peut se faire respecter dans son quartier, mais se sentir très mal à l'aise dans un restaurant huppé, tout comme le jeune des beaux quartiers dans un bar de la périphérie. L'acteur Dany Boon confiait joliment dans une interview que, malgré son succès actuel, il conservait une timidité sociale dans les milieux aisés dont il n'est pas issu. D'autres ont grandi avec une sécurité intérieure, une bonne estime d'eux-mêmes qui leur permet de se sentir à l'aise dans tous les milieux. Ils se sentent suffisamment bons pour répondre aux attentes des autres parce que petits, ils ont eu le sentiment de répondre à ce que leurs parents attendaient d'eux. Ils s'estiment donc qualifiés pour vivre, pour imposer leur point de vue, même quand ils évoluent dans un monde dont ils ne possèdent pas les codes. Précieuse éducation... Toutefois, nous connaissons tous des gens satisfaits d'eux-mêmes qui n'ont pas de grandes qualités, et des personnes remarquables qui doutent sans cesse car, pour leurs parents, leurs succès n'étaient jamais suffisants, preuve que ce sentiment de contentement intérieur n'est pas une donnée objective...

Cachés derrière un défaut physique...

Certains encore pensent que leur physique ne leur permet pas d'en imposer aux autres. Trop petit, trop maigre, trop gros... Certes, la carrure de Bruce Willis impressionne. À l'inverse, l'embonpoint crée un a priori : le gros apparaît souvent comme une personne malléable. Pourtant, certaines personnes affichent des kilos en trop et parviennent parfaitement à se faire respecter. L'actrice Yolande Moreau est admirée pour sa façon de se comporter dans la vie. Elle en impose, et pas uniquement par sa célébrité. Certaines personnes, gâtées par la nature, arrivent plus facilement à imposer le respect, d'autres devront fournir plus d'efforts, un peu comme pour séduire. Mais peut-être y parviendront-elles mieux au final que celles qui n'ont connu aucune difficulté : elles savent ce que cela coûte... Ne balayons pas non plus des critères purement subjectifs : pourquoi est-ce que je respecte telle personne ? Parce qu'elle ressemble à quelqu'un que je respecte ? Ajoutons enfin que la tenue joue aussi son rôle, nous le verrons plus loin : à se présenter devant autrui mal habillé, épaules rentrées, tête basse, regard fuyant, quel que soit notre physique, nous partons avec un handicap.

Cachés derrière un personnage

Les personnes qui ne sont pas vraiment elles-mêmes sonnent creux. En voulant montrer une image différente de ce qu'elles sont, elles se fragilisent. À l'inverse, quand nous restons fidèle à nous-même, nous apparaissons plus dense, plus consistant, et nous résistons mieux au milieu ambiant, à ses éventuelles agressions. Sur un plan quasiment animal, les autres vont respecter une personne qui avance franchement dans la vie. Dans un dîner d'intellectuels, celui qui veut citer Proust qu'il n'a pas lu prend le risque d'être plus ridicule que s'il s'en tient à ce qu'il connaît, y compris s'il avoue ne pas connaître l'écrivain. Il étonnera éventuellement, mais personne ne lui manquera de respect, sauf les imbéciles peut-être.

Ce que l'on acquiert avec une solide estime de soi ? La capacité à traverser les apparences, à ne pas être ébloui par autre chose que la valeur intrinsèque de l'être humain.

La méconnaissance de soi

Se connaître est indispensable pour arriver à se faire respecter. Savoir qui on est constitue une étape essentielle pour faire entendre sa voix. Mais quand nous ne connaissons pas bien nos intérêts, ignorons ce qui est bon pour nous, que nous sommes indécis sur nos valeurs, nous avons du mal à nous situer et les autres ont la même difficulté. Si elle est normale à l'adolescence, cette méconnaissance de soi ne l'est plus à l'âge adulte. Le risque ? Que les autres décident à notre place, que nous flottions comme un bouchon sur l'eau, sans savoir vraiment où se situe notre désir. Ajoutons encore qu'une personne lunatique, ou qui change sans cesse d'opinion, n'est pas fiable. Comme nous ne savons pas bien qui elle est – et elle non plus –

« Pour respecter quelqu'un, il faut le connaître et le reconnaître. »

nous ne la prenons plus en considération, estimant souvent à juste titre que nous ne pouvons pas compter sur elle.

Peut-être êtes-vous déprimé ?

Les déprimés n'ont pas l'énergie pour se défendre. Ils ont une mauvaise estime de soi qui leur paraît justifier qu'on leur marche sur les pieds. Ils ont moins de ressources, se négligent un peu, deviennent moins respectables. Ils peuvent susciter inquiétude, réaction agressive des proches qui cherchent à les stimuler sur le mode « Mais secoue-toi un peu ! ». Peut-être faites-vous une dépression qui vous empêche de vous faire respecter ? Passez en revue les symptômes : êtes-vous sans cesse fatigué ? Avez-vous des problèmes de sommeil ? Une perte d'appétit ? Des idées noires ? Une démotivation pour tout ? Un sentiment de tristesse constant ? N'hésitez pas à consulter, la dépression se soigne.

« Accepter le manque de respect peut révéler un état dépressif. »

Chapitre quatre
Comment vous faire respecter ?

Maintenant que vous avez identifié les raisons, voici des conseils pour changer la donne. Pour vous faire respecter, il faut améliorer votre estime de soi, apprendre à vous défendre, mais aussi cultiver votre autonomie et votre ouverture aux autres. Et commencer par vous respecter...

Améliorez votre image extérieure

Sans respect extérieur de soi, il n'est pas facile de se faire respecter par l'entourage. Première étape, prenez soin de vous. Comment vous présentez-vous aux autres ? Depuis quand n'êtes-vous pas allé chez le coiffeur, n'avez-vous pas acheté une nouvelle tenue ? Vous habiller avec soin, être toujours propre et bien coiffé, vous alimenter sainement, dormir, bref, être à l'écoute de vos besoins et de votre bien-être posera les premiers jalons du respect que vous vous portez. Ce sont des détails ? Détrompez-vous. Il est plus facile de se faire respecter quand on est bien dans sa peau. Il s'agit d'un comportement très animal : les bêtes s'attaquent en général aux faibles et aux malades, aux congénères qui se présentent tête basse. Les humains aussi ont ce penchant quand ils ne se raisonnent pas et cèdent à leur côté mammifère. Notre état mental s'exprime par notre corps : tristes, nous avons tendance à parler bas, à rester en retrait. En retour, des expériences l'ont prouvé, notre tenue a une influence sur notre mental. C'est pourquoi il faut également lutter contre le laisser-aller : cela vous permet d'avoir une meilleure image de vous, de vous présenter avec plus d'assurance devant les autres, de prendre ainsi votre place dans le groupe. Attention surtout de ne pas vous donner de fausses raisons pour rentrer les épaules et accepter qu'on vous bafoue. Bien souvent, les défauts physiques sont un prétexte bien commode pour ne pas s'attaquer à la source d'un malaise plus profond : une mauvaise image intérieure de soi...

Devenez votre propre parent

Une fois que vous avez travaillé sur l'extérieur, voyons l'intérieur. Une réflexion sur soi est indispensable pour tenter de comprendre pourquoi vous avez tendance à vous laisser marcher sur les pieds. Qu'est-ce qui vous empêche de vous affirmer ? Vous n'avez pas été respecté, enfant ? Mais aujourd'hui, vous avez grandi, vous n'êtes plus cet enfant dévalorisé, malmené. Vous êtes adulte, c'est à vous de devenir votre propre parent, de prendre soin de vous, de vous protéger. Remplacez leur discours dévalorisant ou méprisant par le vôtre, en vous adressant des compliments quand vous réussissez dans un domaine. Ne laissez plus les autres vous critiquer injustement : reprenez leurs propos et dites haut et fort que vous n'êtes pas d'accord. Ce n'est pas facile car on induit souvent une étiquette par le comportement auquel nous avons été habitué dans l'enfance. Peut-être par fidélité à vos parents répétez-vous cette situation de façon tout à fait inconsciente. Malgré vous, vous tentez de retrouver ce lien, même s'il vous rend malheureux, comme si le pli était pris. Mais on vous le répète, vous n'êtes plus un enfant, inutile d'attendre une reconnaissance parentale qui ne viendra plus. Essayez plutôt de chercher autour de vous d'autres modèles. Est-ce que vous savez accepter les remarques agréables ? Est-ce que vous ne vous dévalorisez pas quand on vous valorise, comme si vous n'y aviez pas droit ? Réfléchissez et, dorénavant, agitez la sonnette d'alarme quand on vous complimente. Il ne s'agit pas de vous aimer avec excès, mais de vous aimer bien, tout simplement…

« Vous êtes quelqu'un de bien, avec vos qualités et vos défauts. »

Modifiez l'image que vous avez de vous

Prenez une gomme et effacez les souffrances de l'enfance et les humiliations. Bien qu'on se soit acharné à vous prouver que vous ne valiez rien, il y a sûrement des moments de réussite dans votre vie. Des actes dont vous êtes fier. Travaillez sur ces souvenirs, car se remémorer les moments où vous avez été apprécié vous permettra de rebondir émotionnellement. Imaginez-vous en train de faire des activités que vous n'avez jamais faites et que vous rêveriez d'accomplir. Vous avez laissé tomber la danse parce que votre mère disait qu'en tutu vous ressembliez à un crapaud sur une boîte d'allumettes ? Inscrivez-vous à un cours, tournez le dos à ces malédictions qui vous plombent. Il ne s'agit pas de devenir danseuse étoile mais de vous prouver que vous n'avez pas besoin de son avis pour faire ce que vous aimez. Faites une maquette de disque et mettez-la sur YouTube, écrivez votre roman dont le synopsis dort dans les tiroirs depuis des années et mettez-le en ligne sur les sites qui accueillent les manuscrits... Quand on est embourbé dans le manque d'estime de soi, le mieux est de passer à l'action, sans être trop sensible à la notion de réussite et d'échec, on survit toujours à ce dernier. Tant pis si vous n'atteignez pas votre objectif, le pire serait de ne rien tenter par peur de ne pas y arriver. Et méditez sur cette phrase de Bertold Brecht : « Celui qui combat peut perdre, celui qui ne combat pas a déjà perdu. »

Imaginez-vous dans la position d'une personne respectée

Nous vous proposons maintenant un petit travail d'imagination. Pour changer, il faut de la volonté, et le principal moteur de la volonté est la motivation. Qu'est-ce qui vous motive dans le fait de vous faire respecter ? Peut-être avez-vous une difficulté à imaginer celui ou celle que vous seriez ? Prenez ce temps de projection, non en visualisant la terre entière se prosterner sur votre passage, mais dans une situation banale qui vous malmène, que ce soit dans votre couple ou au travail. Un exemple ? Vous allez demander une augmentation que vous jugez méritée et votre patron vous la refuse. Passez en revue votre réaction : d'abord, demandez les raisons de ce refus, puis dites en quoi vous estimez juste votre demande, ensuite, devenez une force de proposition : peut-être pourriez-vous avoir une formation dans un premier temps et rediscuter de l'augmentation d'ici à trois mois ?

Osez sortir de chez vous

Quand on manque d'estime de soi, on a tendance à se terrer chez soi, à rester dans son trou pour éviter d'être malmené. Mais hors du ring de la vie, on perd le mode d'emploi de la relation. Le silencieux qui impose le respect est rare, on finit plus souvent par ne plus le voir et l'oublier. Il faut déjà un certain charisme pour s'imposer en toute discrétion, attendez un peu avant d'adopter une telle attitude... Dites-vous plutôt que vous êtes une pépite que les autres ne voient pas encore, un charbon qui peut devenir un diamant à force de se polir. Pour cela, renoncez à la perfection. Ce n'est pas votre excellence dans tous les domaines qui fera qu'on vous respecte, mais vos qualités humaines. Sachez que si vous n'êtes jamais satisfait de vous, vous aurez du mal à imposer le respect. Essayez de vous améliorer tout en restant indulgent avec vous-même, avec vos initiatives. Un pas après l'autre, toujours...

« Accepter ce que vous êtes aujourd'hui, sans renoncer à vous améliorer demain. »

Affirmez vos opinions

N'étouffez pas vos sentiments... On respecte toujours plus facilement une personne qui exprime ses pensées, ses aspirations, ses émotions. N'hésitez pas à vous ouvrir aux autres, à aller vers eux, à vous montrer curieux. Non, ce que font et pensent les autres n'est pas mieux que ce que vous faites et pensez. Vous avez des valeurs, il faut les défendre. Même sur des sujets où vous ne faites pas forcément autorité, vous pouvez avancer modestement votre point de vue. Il ne s'agit pas d'aboyer sans savoir de quoi vous parlez, mais de dire sincèrement ce que vous pensez. Dirc aussi que vous n'êtes pas sûr, qu'il vous semble... Vous pouvez toujours donner votre avis, cela ne veut pas dire que vous avez forcément raison, que vous ne pouvez pas changer de point de vue en écoutant attentivement les arguments des autres. Personne ne se fait respecter en répétant en boucle : « C'est comme ça, un point c'est tout ! ». Au mieux, vous allez passer pour un borné, au pire pour un imbécile... Se tromper, le reconnaître, c'est faire preuve de lucidité sur soi, toujours gage du respect des autres, si vous ne vous échinez pas à faire croire des choses que vous ne savez pas.

Restez vous-même

On l'a vu plus haut, les personnes lunatiques, inconsistantes, ont du mal à imposer le respect. N'usez pas de mensonge et de travestissement sur vous ou vos actes, au risque de vous trouver pris aux pièges de vos falsifications.

Dites ce que vous faites, et surtout faites ce que vous dites, afin que l'on prenne au sérieux votre parole. Le baratineur suscite la suspicion et cette perte de confiance est souvent la première marche vers l'irrespect. Se connaître permet de rester fiable, de ne pas s'engager sur des terrains inconnus. Il ne s'agit pas de ne pas essayer de repousser ses limites, mais d'en être conscient pour mieux les dépasser...

N'ayez pas peur de la compétition

Ne confondez pas respect et fuite des affrontements. Faites-vous partie de ces personnes qui décampent dès qu'il faut participer à une compétition ? Qui préfèrent faire des balles contre le mur plutôt que de disputer un match au tennis ? Accepter la compétition n'est pas une façon de manquer de respect aux autres. Quand on s'engage dans une course, c'est pour la gagner, tant qu'on respecte les règles du jeu. Ne soyez pas comme le petit garçon qui reste tout l'après-midi à regarder les autres enfants descendre du toboggan parce qu'il n'a pas compris la règle du chacun son tour…

Restez calme

On l'a vu, notre époque confond agressivité avec personnalité affirmée. Pourtant, se faire respecter, ce n'est pas traiter de « pauvre con » une personne qui refuse de vous serrer la main, comme l'a fait récemment un chef d'État, mais d'avoir l'élégance de son prédécesseur ; à quelqu'un qui lui avait asséné un grossier : « Connard ! », il avait placidement répondu : « Enchanté, moi, c'est Chirac… » La personne affirmée est celle qui sait garder son calme en toutes circonstances et ne considère pas a priori chaque relation comme une empoignade. Elle tente de ne pas donner de signes d'exaspération, ni d'énervement excessif, mais sait hausser le ton fermement, sans emportement, quand la situation l'exige. Elle compte sur elle-même, sur son expérience pour la maîtriser, tout en ayant conscience des limites de

« Tout ce qui vous humanise vous fera reconnaître par l'autre. »

ses compétences. Elle sait se remettre en question quand il le faut, tirer profit des leçons pour améliorer sa conduite future et fuit comme la peste les ruminations excessives de type : « Je suis nul », « Ça devait bien arriver », « Je l'ai bien mérité »…

Améliorez votre communication

Si vous voulez parvenir à imposer le respect, il va falloir apprendre à communiquer avec efficacité. La parole est ce qui nous a été donné de primordial pour nous affirmer, il faut donc la prendre ! Engagez la conversation le plus souvent possible, aussi bien avec des personnes proches qu'avec des inconnus. Commencez par des sujets anodins, le temps qu'il fait, les résultats de football, pour en arriver à des propos plus personnels. Intéressez-vous d'abord à votre interlocuteur avant de parler de vous. D'une manière générale, à moins que ce ne soit dans un entretien d'embauche où il est préférable de ne pas dire ce que l'on pense de la coiffure de la directrice des ressources humaines ou de la décoration du bureau du directeur, osez dire ce que vous croyez, ce que vous ressentez. Tant que vos propos sont polis, dénués d'agressivité et respectueux des désirs d'autrui, vous n'avez pas à vous imposer de limite. Dire ce que vous souhaitez, même si l'autre veut la même chose, n'est pas irrespectueux. Il s'agira juste de négocier dans un deuxième temps... Ne craignez pas à l'avance le conflit, prenez le risque d'exprimer votre désaccord vis-à-vis de l'opinion commune si cette position est sincèrement la vôtre. L'idéal est d'argumenter pour défendre votre point de vue et peut-être, qui sait, d'emporter l'adhésion de votre auditoire. Ne partez pas battu... Ni inhibé ni agressif, quittez votre trou de souris, sans rentrer dans le tas tel un éléphant dans un magasin de porcelaine. Ne vous montrez ni péremptoire ni tranchant, vous donnerez ainsi une image de droiture, d'honnêteté, de franchise, évitant de paraître froid ou crispant.

« Communiquer désamorce l'agressivité, remet de l'humanité là où il n'y en a plus. »

Un processus actif et interactif

Communiquer vient étymologiquement du latin *communicare* qui signifie « partager », « mettre en commun ». Une communication affirmée est une communication interactive. Il ne faut pas se contenter d'écouter, ni se borner à parler. La communication cherche à transmettre, tout en étant une occasion de s'instruire. À vous de formuler explicitement vos points de vue, le plus positivement possible, mais acceptez les divergences d'opinion. Mettez de côté autant que faire se peut vos a priori, vos idées reçues et autres opinions préconçues pour rester plus ouvert au dialogue. Retenez-vous encore de chercher systématiquement des sens cachés aux paroles de votre interlocuteur ou de lui prêter des intentions inavouées ou inavouables. Vous appréciez ou validez ses propos ? Exprimez-le simplement. Tenez compte des échanges passés, sans qu'ils parasitent trop la discussion présente afin de donner une nouvelle chance à ce dialogue. Vous allez voir, cette attitude change tout !

« Le comble du non-respect est de traiter une personne comme un objet. »

Exprimez-vous de façon claire, sans artifice, sans dénigrer ni chercher la polémique. Les temps d'écoute et d'expression doivent être équilibrés, assurez-vous d'avoir bien compris l'autre, de vous être bien fait comprendre, pour éviter tout malentendu. L'écoute active de votre interlocuteur ne doit pas pour autant vous faire oublier de vous écouter vous-même, afin de maîtriser vos propos. Préférez l'usage du « je » qui permet de se sentir reconnu comme sujet, de se positionner en tant que tel. De plus, le « je » accroche davantage l'interlocuteur...

Parler pour être écouté

Il vous arrive de vous exprimer et d'avoir l'impression de ne retenir l'attention de personne, que ce soit en réunion, en famille ou avec des amis ? Deux attitudes s'offrent à vous. Soit vous boudez, soit vous vous énervez et les autres s'étonnent : « Mais enfin qu'est-ce qui t'arrive ? » Dans tous les cas, vous voilà malheureux. Vous en venez à penser que vous n'intéressez personne, à le vivre comme du mépris. Le problème, c'est que nous nous interrogeons rarement sur la forme de nos propos... Nous accusons le regard des autres sur nous, ou bien le contenu de ce que nous avons dit, alors qu'il s'agit bien souvent d'une question de mise en mots, de positionnement. Nous connaissons tous des personnes qui disent des banalités, mais que tout le monde écoute, suspendu à leurs lèvres. Comment font-elles ? Si nous comparons la tournure de nos propos, nous constatons que le leur était nettement plus pertinent !

Les secrets de celui qu'on écoute...

Tout simplement déjà, il parle fort, on l'entend ! Il ne fait pas peur. Il s'agit rarement d'une question d'autorité, plutôt d'une question de séduction. Pour être écouté et entendu, l'interlocuteur doit se sentir reconnu et attiré en douceur, comme les miettes attirent l'oiseau. Celui qu'on écoute est dans la stratégie de capter l'attention de l'autre, et même s'il ne lui donne pas la parole, il lui prête attention. En revanche, celui qui n'est pas écouté est souvent tellement concentré pour qu'on l'écoute qu'il n'écoute plus personne ! Ceux qui retiennent l'attention ont un certain charisme, indépendant de leur physique, ils savent interpeller l'autre, lui raconter une histoire. Loin des discours fumeux, ils donnent des exemples pratiques, recourent à la métaphore. Ils ne donnent pas le sentiment qu'ils vont coincer leur interlocuteur avec des propos qui vont l'ennuyer. Les écouter s'apparente à un divertissement... Le personnage charismatique est souriant, chaleureux, il a confiance en lui, il n'agresse pas, ne remet pas en question les individus. Attention, cette attitude d'ouverture n'est pas à confondre avec celle du beau parleur qui n'écoute pas forcément autrui, se contente de reprendre ce que l'autre a dit, de hocher la tête, de laisser croire qu'il écoute, alors qu'il va saisir la dernière phrase pour rebondir sur ce qui l'intéresse réellement !

« Le plaisir de parler vient en parlant ! »

Le malin valide les propos de l'autre, mais reprend vite la parole. Est-il remis en question ? Il ne répond pas aux agressions, évite la polémique. En général, il se place bien, au centre de la table, et s'assure qu'il a des soutiens qui peuvent le remettre en selle, deux tactiques que vous pouvez lui emprunter sans risque. Auxquelles nous ajouterions volontiers des cours de chant, de diction, pour que vous appreniez le plaisir de parler…

Votre corps s'exprime aussi

Savez-vous que seulement 20 % de la communication sont assurés par le verbal ? Tout le reste passe par l'attitude corporelle. Il faut donc en toutes circonstances joindre le geste à la parole. Le corps exprime d'abord votre assurance. Les règles de base ? Regardez votre interlocuteur en face sans fixer son regard pour autant, parlez clairement mais tranquillement, sans violence. Votre voix est claire, ni étouffée, ni tonitruante, ni molle. Il s'agit de prendre son temps pour expliquer ce que vous tenez à dire, en évitant la précipitation. Quand vous parlez, adoptez une attitude d'ouverture : ouvrez vos yeux pour observer les réactions de l'autre, votre bouche pour bien articuler, vos mains et vos bras pour envelopper ce que vous dites et accueillir votre interlocuteur. Tenez-vous droit sans signe de menace – doigt pointé ou menton en avant. S'il faut perfectionner votre communication non verbale, il convient aussi d'apprendre à décoder celle de votre interlocuteur afin d'apprécier ce qu'il veut véritablement exprimer, car si la communication non verbale souligne la communication verbale, elle peut aussi la contredire... N'oubliez pas de prêter aussi attention à ses réactions physiques quand vous parlez afin de mesurer l'impact de vos paroles sur lui et d'adapter votre discours.

Des propos clairs

Pour vous affirmer, nous ne le dirons jamais assez, il faut que le contenu de vos propos soit clair, que votre message soit explicite. Comment ? En émettant un seul message à la fois, quitte à l'exprimer de plusieurs façons différentes pour qu'il soit bien entendu. N'essayez pas de trop en dire, ni de surestimer votre auditoire, le pensant plus savant qu'il ne l'est. Sinon, vous risquez d'en rajouter pour nourrir vos propos ou de faire des ellipses, tandis que votre public aura décroché depuis longtemps...

Il s'agit de réfléchir au principal message que vous voulez transmettre avant de prendre la parole. Et d'aller droit au but en gardant les messages complémentaires pour quand viendra l'heure d'argumenter. Associer plusieurs messages dans le même discours risque d'en brouiller le sens et de diminuer la portée de chacun car ils peuvent apparaître contradictoires. De fait, ils le sont parfois, tant nous pouvons être ambivalent lorsque nous cherchons à atténuer la force d'un message en le noyant dans d'autres qui se veulent plus aimables...

Ne refoulez pas les reproches, acceptez-les à votre tour

Ne pas se montrer agressif ne signifie pas, loin s'en faut, qu'il ne faille jamais exprimer de reproches. Mais avant de le faire, il faut prendre son temps pour bien décrire l'attitude ou les propos critiqués, ainsi que les répercussions qu'ils ont sur vous. Choisissez le bon moment, afin de ne pas le faire entre deux portes, en précisant bien les différentes incidences sur vous – concrètes ou affectives. Ensuite, faites des propositions pour trouver des solutions. C'est à vous de recevoir des reproches ? Dans un premier temps, mettez de côté vos réactions affectives immédiates et écoutez bien le détail des critiques formulées.

Elles vous semblent trop générales ou trop floues ? Demandez des précisions, des éclaircissements. Si les critiques restent toujours floues, reprochez à votre tour leur caractère imprécis ou indéfini. Elles vous semblent avérées ? Reconnaissez-le et admettez alors comme légitimes les émotions consécutives de votre interlocuteur. Viendra alors le moment d'expliquer votre conduite et d'exprimer ensuite ce que vous projetez de faire : vous excuser, changer votre attitude, proposer un compromis. Les reproches vous semblent illégitimes ? Dites-le et répétez-le, si besoin. Nous pouvons admettre les réactions affectives de l'autre, sans céder pour autant sur le caractère infondé des reproches. Ce sera alors à nous d'argumenter en illustrant le plus concrètement possible le manque de fondement. Et si l'autre n'est pas convaincu, il faudra clore sur cette divergence.

Est-ce qu'on vous manque vraiment de respect ?

Le manque de respect a une dimension subjective. Devant une même situation, certains ne relèvent pas, d'autres bondissent, blessés à mort. Parfois, les hypersensibles prennent pour une marque d'irrespect ce qui n'en est pas, ceux qui n'ont pas d'humour prennent pour eux toute forme de dérision. Le paranoïaque a l'impression que tout le monde lui manque de respect ; du coup, on l'évite et on lui manque de respect. Ignorer quelqu'un est une autre forme d'irrespect, au moins aussi redoutable que l'agressivité ! Débarrassez-vous de vos tendances à la paranoïa. Quand on a l'habitude de se faire manquer de respect, toute attitude devient suspecte, on développe une hypersensibilité qui n'aide pas à prendre la mesure de la situation. Essayez de ne pas interpréter les gestes de vos *alter ego* comme de possibles agressions. Il y a encore ceux qui ne supportent pas de ne pas être au centre, sinon ils disparaissent. Ils veulent être écoutés, mais pas dialoguer, et force est de constater qu'il y en a aujourd'hui de plus en plus. Enfants, ils étaient le centre du monde et, n'ayant pas alors appris à écouter, ils ne s'intéressent pas aux autres une fois adultes. Ce comportement d'enfant gâté les isole des autres.

Se débarrasser de sa culpabilité

Si vous êtes en proie à une culpabilité persistante qui vous pousse à penser que vous n'avez pas le droit de dire non, il faut arriver à identifier la racine du mal, en parler pour ne pas rester à ruminer dans votre coin. Certaines fautes sont imaginaires : il faudra alors travailler avec un thérapeute car vous n'en viendrez pas à bout sans aide. D'autres sont réelles : peut-être est-il temps de réparer, de faire amende honorable pour vous débarrasser de ce poids ? Quelquefois, des excuses sincères effacent des ardoises que l'on pensait indélébiles. Faites la chasse aux idées fixes, sortez de la pensée magique qui vous fait croire que vous êtes responsable de tout ce qui ne va pas autour de vous. Ce n'est pas parce que vous pensez du mal de quelqu'un que vous êtes responsable de l'accident qui lui arrive...

Oser dire non !

Mais pourquoi ce petit mot est-il si difficile à prononcer ? Le plus souvent parce qu'on a peur en s'opposant de décevoir, de perdre l'amour de l'autre. Parce que nous avons du mal à nous affirmer. Or, nous l'avons vu plus haut, sans cette capacité à nous opposer, nous ouvrons grand la porte à l'irrespect. Comment s'entraîner ? Par des gestes simples qui vont petit à petit vous montrer qu'en vous opposant, non seulement vous ne perdez pas l'amour des autres, mais vous gagnez leur respect. Dans un premier temps, mieux vaut s'essayer dans des situations qui ne vous impliquent pas trop, comme de refuser d'acheter une robe ou des chaussures qui ne vous plaisent pas, tant pis pour le regard noir de la vendeuse que vous ne reverrez pas... Cette petite victoire va en amorcer de plus grandes. D'une manière générale, réclamez un délai de réflexion quand on vous demande quelque chose qui n'entraîne pas votre adhésion immédiate. Prenez le temps d'évaluer les conséquences imminentes et à plus long terme de votre réponse. Puis, si vous comptez refuser, affinez vos arguments et adoptez des phrases clés toutes simples à répéter : « Je suis désolé, mais cela ne va pas être possible. » Votre interlocuteur insiste ? Optez pour la technique du brouillard : faites mine d'accepter les reproches, sans bouger de votre position – « Je sais bien, ce n'est pas généreux de ma part, mais je ne peux pas t'aider à déménager samedi. » Vous pouvez encore envisager la solution de rechange qui vous coûte le moins : « Je ne viens pas dîner, mais je passerai pour le café. » Enfin, ne dites pas non à tout sans discernement et faites en sorte que vos « oui » aient de la valeur en respectant vos engagements.

Comment refuser une demande ?

Face à une demande qui vous semble injuste ou risque de vous porter préjudice, comme avec un reproche illégitime, exprimez votre refus. Il est possible de se contenter de dire, en réponse à cette demande, que vous n'avez pas envie et de le répéter au besoin comme un disque rayé. Vous connaissez cette technique ? Elle est très efficace.

Répétez votre opinion jusqu'à finir par vous faire entendre, telle est la notion du « tenir bon » chère aux comportementalistes. Celui qui ne se fait pas respecter souvent ne sait pas dire non. Il finit par céder, furieux de ne pas être respecté, ignorant que c'est parce qu'il cède qu'on ne le respecte pas ! Il faut être capable de tenir dans la durée en restant le même.

« Il est de la nature de l'homme d'opprimer ceux qui cèdent et de respecter ceux qui résistent. »
Thucydide

Faites confiance aux autres

Paradoxalement, faire confiance aux autres, voilà peut-être la clé du respect… Bien sûr, elle suppose d'accepter un risque relatif, l'autre peut la trahir, mais les avantages sont légion, notamment en termes d'estime de soi et donc de capacité à se faire respecter. C'est une façon d'économiser l'énergie mise dans la méfiance, le dénigrement systématique. Cette tension permanente entretient une vision négative du monde et pousse au repli. À l'inverse, aller vers les autres sans appréhension, croire en eux, libère de l'énergie, accroît les possibilités de rencontres, d'amitié, sachant que les gens vous respecteront mieux s'ils se sentent appréciés et valorisés. Il ne s'agit pas de faire confiance de façon aveugle, mais lucidement, volontairement. Nous accordons notre confiance quand nous nous sentons assez fort pour supporter une déception.

Méfiez-vous des manipulateurs...

Attention, nous ne faisons pas toujours preuve de paranoïa aiguë. Certains s'y entendent pour nous manquer de respect, mais ils avancent masqués. Ce sont les manipulateurs. Ils sont nombreux et mieux vaut apprendre à les repérer. Les secrets de leur emprise ? Dans un premier temps, le manipulateur séduit ses victimes. Il n'y a pas plus affable, il fait des cadeaux, abreuve de compliments. Quand sa proie est sous le charme, il abat alors ses cartes, commence à culpabiliser l'autre sans en avoir l'air; d'ailleurs, ce n'est jamais lui le coupable. Il aime le flou, a du plaisir à ne pas énoncer clairement ses demandes, ses sentiments. Il fait croire à l'autre qu'il doit être parfait, qu'il doit savoir répondre. Son emprise tarde à se mettre en place? Il joue lui-même la victime, prêche le faux pour savoir le vrai, divise pour mieux régner. Il entraîne un malaise, un sentiment de non-liberté. Mais surtout, le manipulateur isole sa proie, il la prive de tout soutien. Un seul conseil devant ce type de personnalité: fuyez, le plus loin possible!

Chapitre cinq

Le respect au travail, en couple, en famille et dans la rue

Nous allons maintenant passer en revue les différentes situations dans lesquelles vous pouvez avoir des difficultés à vous faire respecter. Que ce soit au travail, en famille, en couple ou encore dans la rue. Car il est possible d'être respecté chez soi, mais pas en dehors, respecté par ses enfants, mais pas au bureau...

Au travail

Tous harcelés ?

S'il est un domaine où les plaintes d'irrespect se multiplient, c'est bien au travail. Parmi les motifs de grève, l'exigence de respect, le refus d'être considéré comme un numéro sont encore plus fréquents que la revendication salariale. Que s'est-il passé ces dernières années pour que ce malaise devienne aussi prégnant ? Certes, le monde est plus que jamais un terrain de compétition. Certes, la crise renforce les peurs comme nous l'avons vu dans le chapitre 2. Est-ce suffisant pour qu'un livre comme *Le Harcèlement moral* de Marie-France Hirigoyen, qui traite amplement de la question du travail, soit vendu à presque 500 000 exemplaires ? Est-ce qu'il y a vraiment en France un demi-million de personnes harcelées ? Bien évidemment non. Mais cet intérêt pour le sujet est à lui seul un indicateur de la souffrance rencontrée dans ce secteur. Plusieurs facteurs sont en cause, dont en large partie les nouveaux modes de management.

Le management par l'affectif

On aurait pu penser que la naissance des départements de ressources humaines, d'un management fondé sur les relations interpersonnelles aurait un visage plus humain. Or il se passe exactement l'inverse... L'entreprise devient un lieu où le personnel est infantilisé par un certain nombre de codes, comme l'usage du prénom systématique, le tutoiement quasi obligatoire. Il ne s'agit pas d'habitudes qui s'installent spontanément quand on travaille ensemble depuis un moment, mais d'usages imposés, les réfractaires prenant le risque de se faire mal voir. Le lien autrefois social devient psychologique. Mais quand l'affectif domine, les conditions du manque de respect, voire du harcèlement, sont réunies...

La perte de l'intimité

Les modes de recrutement vont dans le même sens : nous ne sommes plus interrogés sur nos compétences professionnelles, mais sur nos goûts, nos valeurs. L'obligation de transparence est de rigueur. Des tests psychologiques permettent de sonder les motivations profondes du candidat. Or les questions personnelles lors de ces entretiens sont déjà une première soumission. L'entreprise s'arroge le droit de voir bien au-delà de ce qui lui est nécessaire pour évaluer les compétences requises au travail. Ainsi, des cadres supérieurs sont parfois même contraints d'inviter leurs futurs dirigeants afin que ces derniers puissent se faire une idée de leur relation de couple, de leur intérieur ! Difficile de refuser quand on sait que c'est une condition de l'embauche... Le salarié n'est plus là pour travailler, mais pour s'engager corps et âme, piétinant au passage la limite entre vie privée et vie professionnelle.

La perte d'identité

« Nous ne pouvons pas nous sentir libres quand nous ne sommes pas identifiés par les autres. »

Il n'y a pas si longtemps encore, une foule de métiers peu rémunérateurs donnaient quand même à ceux qui les exerçaient une identité forte. Ils étaient chaudronniers, soudeurs, mécaniciens. Actuellement, les définitions de poste sont nettement plus floues, en particulier dans le secteur tertiaire qui emploie le plus de personnel en France. La restauration rapide en offre un bel exemple. Là, plus de cuisinier, de serveur, de plongeur : l'ensemble de ces métiers est désigné sous le terme d'« équipier » là où autrefois même le poste le plus bas portait un nom. Anodin ? Pas du tout. Cela signifie, d'une part, que vous êtes interchangeable et que, d'autre part, si vous perdez votre emploi, et donc votre équipe, vous n'êtes plus rien.

La perte de reconnaissance

Parmi les plaintes les plus fréquentes arrive en tête le manque de reconnaissance du travail accompli. Mais pour avoir le sentiment d'être reconnu, encore faut-il savoir exactement à quoi nous servons dans la chaîne. En consultation, les enfants ne savent pas ce que font leurs parents, lesquels ont à leur tour du mal à expliquer clairement en quoi leur travail consiste. Comment donner un sens à son emploi dans de telles conditions ? Comment être reconnu par les autres quand on ne se reconnaît pas soi-même, non seulement au travail mais aussi à l'extérieur ? Au manque de reconnaissance interne s'ajoute le manque de reconnaissance sociale. Que dire encore des jeunes dont les études ne sont pas valorisées et qui s'en sentent méprisés ? Certains ont un bac + 5 et sont contraints d'accepter des postes qui ne correspondent ni à leur formation ni à leurs compétences.

La perte de repères

Loin de nous l'idée de faire l'apologie des entreprises paternalistes du début du XXe siècle, où le patron régnait sans discussion, mais force est de constater que l'ouvrier s'y sentait inscrit à une place, reconnu dans sa fonction, même au bas de l'échelle. Comme dans un orchestre, chacun jouait sa partition. Le flou des fonctions entraîne une casse des identités. Dans certaines entreprises, les cadres n'ont même plus de place fixe au sens concret du terme : ils se promènent d'un bureau à l'autre, l'ordinateur sous le bras. Ce nomadisme accroît le sentiment d'insécurité, la possibilité à tout moment de ne pas retrouver un siège, comme dans le jeu des chaises musicales. Que dire encore des écarts vertigineux de salaire ? Nous l'évoquions plus haut, auparavant, la fierté au travail ne dépendait pas uniquement de sa fiche de paie. Mais aujourd'hui où la valeur de l'individu s'évalue en monnaie sonnante et trébuchante, les salaires exorbitants des dirigeants suscitent un malaise. Que vaut notre travail quand le patron gagne jusqu'à 2000 fois plus que nous ?

La perte des solidarités

Les nouveaux concepts d'aménagement, et notamment l'*open space*, avec ses bureaux côte à côte, favorisent la surveillance entre collègues. Certaines entreprises vont jusqu'à encourager la délation, avec prime de zèle à la clé... Chaque salarié est censé dénoncer les dysfonctionnements, pour la meilleure marche de l'entreprise. Mais comment ne pas y voir une casse des solidarités qui existaient autrefois et permettaient aux salariés de se serrer les coudes ? Le harcèlement, selon Marie-France Hirigoyen, est une pathologie de la solitude et il touche aussi bien le privé que le public, preuve que la sécurité de l'emploi ne met pas à l'abri. Se sentant en compétition, les salariés font du zèle au détriment du collectif et finissent par avoir un peu honte d'eux-mêmes. Un exemple de cette « émulation » ? Une entreprise a eu l'idée avant les fêtes de demander à ses salariés d'accrocher une boule de Noël au sapin lorsqu'ils réussissaient à atteindre un de leurs objectifs commerciaux. Le comble de l'infantilisation...

Comment résister ?

Naturellement, nous n'avons pas la possibilité à titre individuel de changer ces modalités de travail, ni de nous augmenter ! Mais être conscient de la situation est déjà un premier pas qui va vous permettre de comprendre que le malaise ne dépend pas uniquement de vous, que l'organisation engendre souvent les situations d'irrespect. Pas question de ne rien faire pour autant. Ne partez jamais vaincu d'avance, comme ce commercial qui subissait l'humiliation de devoir attendre des heures avant d'être reçu par des chefs de rayon occupés à prendre le café. Un jour, il en a eu assez et s'est plaint ouvertement de ce traitement, sans agressivité, mais fermement. Depuis, son temps d'attente s'est réduit considérablement. Certains estiment encore que parce qu'ils sont supérieurs hiérarchiquement, ils n'ont pas à respecter leurs subalternes. Si vous avez affaire à un imbécile de cette trempe, ne vous laissez pas faire. Dites ouvertement que vous n'êtes pas d'accord pour vous faire humilier. Dans ce cas-là, il faut accepter la confrontation, ne pas avoir peur du conflit, solliciter l'aide des syndicats si nécessaire.

« Ne pas respecter les salariés, c'est brimer leur talent potentiel et c'est une perte pour l'entreprise. »
Marie-France Hirigoyen

Détectez le vrai harceleur...

Le harcèlement est différent du conflit qui permet de s'expliquer ouvertement. Le harceleur, comme le manipulateur, avance toujours masqué. Il cherche à prendre le pouvoir sur une personne de façon pernicieuse, à lui faire perdre ses moyens en la faisant douter de ses compétences. Il fixe des objectifs inatteignables pour mieux pouvoir la dénigrer ensuite. La critique est souvent floue, de façon qu'il soit malaisé d'y répondre et porte plus sur la personne elle-même, sur des éléments difficiles à modifier, que sur le travail. La violence est d'abord distillée à dose homéopathique : c'est une réunion à laquelle vous n'êtes pas convoqué, puis c'est votre bureau que l'on déménage du jour au lendemain. Attention, il ne s'agit jamais d'un acte isolé. Le harcèlement suppose une répétition dans le temps. La première chose à faire : en parler autour de vous pour éclaircir votre ressenti, prendre du recul, voir si vous ne vous faites pas des idées. Malheureusement, le harcèlement entraîne un sentiment de honte, de culpabilité savamment entretenu par le harceleur et, trop souvent, le harcelé se tait, s'isole. Il est pourtant impératif de trouver des appuis auprès des collègues ou des délégués du personnel, ou encore du médecin du travail, car sachez qu'il est très difficile de se sortir seul des griffes d'un harceleur.

Respect des droits et des devoirs

Une fois de plus, il est bon de garder en tête l'idée que si vous avez des droits, vous avez aussi des devoirs... La multiplication des plaintes pour harcèlement moral a nécessité la rédaction d'un second livre pour démêler le vrai du faux. Demander à un salarié d'effectuer correctement sa tâche n'est pas du harcèlement. Le réprimander parce qu'il est en retard ou que le travail est mal fait n'a rien à voir avec un quelconque harcèlement. Attention de ne pas vous cantonner dans la position de victime qui vous dispense de vous poser la question de votre propre responsabilité. Ne tombez pas dans ce piège au risque de perdre votre crédibilité, et donc le respect des autres...

Dans le couple

Passion et jeux sexuels, une pente à risques...

Force est de constater qu'il n'y a pas toujours du respect en amour, surtout dans la phase passionnelle. Nous laissons entrer l'autre dans notre intimité, nous avançons sans arme, sans masque et sommes donc plus fragile.

Contrairement à ce qui se passe en amitié, nous estimons que l'autre nous appartient, nous nous sentons des droits sur lui, au nom de l'amour. À nos sentiments s'ajoute l'intimité sexuelle, où les jeux de soumission et de domination peuvent apparaître comme peu respectueux. La pulsion animale nécessaire à l'acte sexuel peut s'apparenter à un manque de respect alors qu'il n'en est rien quand ces jeux sont consentis. En revanche, le manque de respect est réel lorsqu'ils sont imposés par l'un ou l'autre partenaire. Certaines personnes à la sexualité immature se servent de la sexualité pour avoir une emprise sur l'autre, le ravalant au rang d'objet. Ou bien ils confondent jeu et réalité et continuent à imposer leur domination hors de la chambre à coucher…

« Plus on laisse s'installer l'irrespect, plus il est difficile de revenir en arrière. »

Le respect, au risque du quotidien

Passé la phase passionnelle, le risque du manque de respect se niche plus volontiers dans la vie quotidienne. Le couple s'installe dans une familiarité qui ne tient plus compte de l'autre.

Chez soi, loin du regard des autres, chacun peut avoir tendance à se laisser aller… preuve que le respect est chez eux une notion mal digérée, imposée uniquement par l'extérieur. C'est souvent la partenaire qui va attendre dans la voiture, le compagnon qui fait le pied de grue devant la salle de bains, sous prétexte qu'il ou elle comprendra. Comme si cela allait de soi, comme si l'autre nous était acquis. Paradoxalement, alors que c'est avec nos proches que nous devrions avoir le plus de respect, c'est souvent l'inverse qui se passe.

« Pensez à l'humour pour déminer le terrain. »

Ajoutons qu'il est difficile au quotidien de réprimer ses mouvements d'humeur, lesquels favorisent les dérapages. Si cela vous arrive, il faut être capable de vous excuser et ne pas considérer ces débordements comme normaux. Finalement, c'est dans le couple qu'il est le plus difficile d'imposer le respect, car nos attentes sont fortes et nos frustrations entraînent des réactions irrespectueuses.

Pas digne d'être aimé...

L'irrespect naît quand l'un pense qu'il faut se soumettre par amour, tout accepter au nom de ce pur sentiment. Renoncer au respect dans le couple peut encore venir d'un sentiment de ne pas mériter mieux. Le manque d'estime de soi conduit à se dire que le maintien de la relation n'est possible qu'à cette seule condition. Voilà une profonde erreur, car nous sommes d'autant plus aimé que nous nous pensons aimable, que nous nous jugeons digne de respect. Si vous ne vous jugez pas digne d'être aimé, reportez-vous au chapitre 4 pour essayer d'améliorer votre estime de soi, votre relation en sortira grandie. Ce n'est pas le cas ? Votre partenaire souhaitait peut-être avant tout exercer son pouvoir sur une victime consentante. Le quitter vous fera alors reprendre confiance en vous.

Quel modèle familial ?

Que vous vous laissiez manquer de respect ou que vous manquiez de respect à l'autre, votre attitude est peut-être un héritage familial. Vous reproduisez sans vous en rendre compte l'attitude de vos parents, seul modèle de relation amoureuse que vous ayez eu sous les yeux pendant des années. Plus inconsciemment, en rejouant le même scénario, vous tentez de banaliser la violence à laquelle vous avez assisté – le manque de respect est toujours une violence faite à l'autre – dans le but de rendre ce souvenir moins dramatique. Le répéter à votre tour est une façon de pardonner l'attitude de l'un de vos parents. Peut-être est-ce vous qui n'étiez pas respecté enfant ? Dans ce cas, par le même mécanisme d'identification, vous reprenez à votre compte cette violence subie. Y réfléchir vous permettra peut-être de changer d'attitude...

Infidélité, jalousie et respect

L'infidélité est souvent vécue comme une marque d'irrespect car l'infidèle trahit un engagement. Elle est d'autant plus mal acceptée qu'elle est affichée, ou encore que le partenaire est le dernier à être au courant de sa mésaventure dont tout le monde parle. Un tiers s'est introduit dans notre intimité, peut-être même a-t-il dormi dans nos draps. Nous imaginons qu'il ou elle a eu droit à des confidences sur nous et cette trahison est insupportable. Il est important de ne pas considérer l'infidélité comme un passage obligé dans le couple, au risque de la voir se multiplier. La jalousie, elle, n'est pas en soi une marque d'irrespect, mais elle entraîne souvent des attitudes irrespectueuses : fouiller dans les affaires de l'autre, espionner ses mails et ses SMS. Elle est souvent considérée comme une preuve d'amour, et tolérée, bien à tort.

« Le manque de respect ne passe pas seulement par les mots, mais aussi par les actes. »

Le temps du désamour

Quand vient le temps du désamour, les marques d'irrespect se multiplient de part et d'autre. Lors des divorces conflictuels, certains avocats enveniment bien souvent la situation pour obtenir des compensations financières. Toutes les stratégies sont bonnes à prendre : mensonge, falsification de documents, faux témoignages...

L'ancien partenaire n'est plus vécu que comme un adversaire. Par la suite, le parent qui élève seul ses enfants ne se voit pas soutenu dans sa tâche éducative, ni par son entourage ni par son ex-conjoint, et devient la proie de l'irrespect.

Des femmes peu respectées...

Autrefois, la femme acceptait souvent que son mari lui manque de respect contre la protection qu'il lui procurait. Peut-être en reste-t-il encore des résidus... Pourtant, désormais, les époux se doivent mutuellement respect, fidélité, secours et assistance, engagements inscrits noir sur blanc dans l'acte de mariage. Malgré tout, certaines prennent encore l'irrespect masculin comme une attitude normale. Peut-être n'ont-elles eu que ce modèle de femme dans leur famille ? Peut-être encore sont-elles prisonnières de codes ou d'une culture où les femmes ne sont pas respectées ? Une sorte d'empreinte s'est mise en place. En échange de leur docilité, comme leurs ancêtres, elles espèrent une protection, qui ne sera bien souvent effective qu'un temps. Dans un couple, la trop forte dépendance de l'un ou de l'autre met à mal la notion de respect et, même si rien n'est joué d'avance, le risque est réel. Si une femme renonce au respect par peur d'être seule ou parce qu'elle n'a pas les moyens de s'en aller, elle perd toute liberté. Elle pense ne pas avoir le choix, mais est-ce si sûr ? Comme on vient de le voir pour le travail, on gagne toujours à exiger le respect. Se poser en tant qu'individu libre, debout, permet d'avoir une relation équilibrée, même quand on n'est pas indépendant financièrement. La dépendance n'explique pas tout…

« À trop se satisfaire des hommages, les femmes laissent venir l'irrespect. »

Comment vous faire respecter dans votre couple ?

Muni de ce que vous venez de lire, réfléchissez aux raisons qui vous poussent à accepter le manque de respect. Si vous ne rencontrez que des partenaires irrespectueux, il y a certainement quelque chose dans votre histoire qui vous pousse vers eux. Repassez-vous le film…

Ensuite, première règle d'or : ne laissez pas s'installer le manque de respect, il est très difficile à déloger. Il faut le relever sur le moment, ou peu de temps après. Vous faites l'objet de critiques méprisantes ? Demandez des précisions, refusez les généralités. Attention de ne pas être trop compréhensif : la fatigue ne justifie pas que l'on vous malmène. Attendez des excuses, montrez à l'autre ce que son attitude a d'irrespectueux, ce que vous attendriez de sa part en pareille circonstance.

La vie en couple peut permettre à chacun de s'améliorer, non dans un climat de revanche ni de reproche, mais dans le plaisir de se faire mutuellement progresser. Toutefois, attention : s'aider à progresser ne signifie pas vouloir à tout prix changer l'autre, au mépris de ce qu'il est profondément. Demander à un timide d'être extraverti, à une femme pudique de s'exhiber, peut être très violent. Commencer par changer soi-même est souvent la meilleure façon de faire changer l'autre...

Établissez des règles, trouvez des compromis

Dans un couple, il est bon de mettre à plat les sujets qui fâchent d'entrée de jeu, afin de trouver des compromis, sur le partage des tâches notamment. Quand on s'installe ensemble, on pense rarement à établir des règles de vie, chacun arrive avec les siennes, héritées de ses parents ou du couple précédent, mais tout est à reconsidérer. Cela va de soi ? Pas du tout. Sans compromis, le manque de respect pointera vite son nez. Il va falloir faire des concessions raisonnables car si elles sont trop importantes, elles risquent de générer des frustrations, lesquelles entraîneront à leur tour du manque de respect. Fragile équilibre…

« L'amour ne justifie pas tout, il est une circonstance aggravante plus qu'atténuante. »

Maîtrisez vos émotions

Savez-vous que nos décisions sont fondées à 90 % sur les émotions, 10 % seulement sur la raison ? Ou plutôt devrait-on dire une raison qui n'est là que pour justifier nos émotions… Mais attention toutefois de ne pas en perdre la maîtrise. Il est de bon ton aujourd'hui de penser qu'il faut les laisser s'exprimer. Dire ce que l'on ressent n'est pas une façon de libérer ses émotions comme un chien fou, mais au contraire d'en reprendre le contrôle en mettant des mots dessus. Le manque de respect agit souvent en miroir, l'irrespect entraînant l'irrespect…

Le respect en famille

Être respectable pour être respecté

Malheureusement, nous l'évoquions au chapitre 2, nous vivons dans un monde où les marques d'irrespect se multiplient. Ce contexte rend la tâche éducative plus délicate… Comme nous, nos enfants voient à la télévision les animateurs couper la parole de leurs invités, les timides se faire malmener en public. Toutefois, les parents ne peuvent exiger le respect que s'ils ont eux-mêmes une attitude respectueuse. La façon dont nous nous comportons avec les autres devant eux est très formatrice et, plus important encore, comment nous nous comportons dans notre couple. L'enfant est toujours

« Quatre règles d'or : se respecter dans le couple, respecter les autres, se respecter soi, respecter ses enfants. »

très attentif au lien entre ses parents, parce qu'il s'identifie à l'un ou à l'autre. Même si l'irrespect ne nous dérangeait pas, il faudrait quand même penser que notre laxisme ne lui rendrait pas service dans sa vie future. Ainsi, une mère qui ne respecte pas son mari pénalise l'enfant doublement, parce qu'il va se comporter de manière irrespectueuse avec son père, et parce qu'il aura du mal plus tard à obtenir ou à exercer le respect dans son couple.

Respecter son enfant

> « Respecter son enfant, c'est honorer ses obligations parentales, et notamment son devoir de protection. »

Certains parents ne respectent pas leur enfant, estimant qu'il est de leur droit de tout savoir sur lui. Ils fouillent dans ses affaires, répètent ses secrets à la voisine. Si le devoir de protection justifie parfois de s'assurer que l'environnement de l'enfant est sécurisé, il faut savoir garder une certaine mesure : aller voir ses professeurs dans son dos est une façon de le tenir pour quantité négligeable... D'autres ne respectent jamais leurs promesses, mentent, dissimulent à l'enfant des détails importants sur sa vie.

L'irrespect se niche aussi dans le fait de bafouer la pudeur de l'enfant, quand la mère continue à le laver alors qu'il est en âge de le faire, ou que ses parents se promènent nus alors qu'ils sentent sa gêne. À l'inverse, le parent peut demander à son enfant une autonomie qu'il est incapable d'assumer, le mettant en permanence dans une situation d'impuissance, d'échec. Sans parler des humiliations ou des coups...

Se faire respecter par son enfant

Nous sommes en droit d'attendre le respect de notre territoire, de notre intimité, de notre intégrité, de n'importe qui, a fortiori de nos enfants. Cela dit, s'il est admis aujourd'hui qu'il faut respecter l'enfant, certains ont encore du mal à imposer le respect au leur, voyant dans son irrespect la preuve de son autonomie, de sa force de caractère. Ou n'ayant pas été respectés enfants, ils se sentent vengés par l'attitude arrogante de leur progéniture. Pourtant, enseigner les règles du respect à son enfant, c'est répondre à un besoin éducatif fondamental.

Respect et obéissance

« La marque d'irrespect est subtile, la désobéissance est sans discussion possible. »

Le respect contient une dimension supplémentaire par rapport à l'obéissance. Ne pas obéir consiste à transgresser une consigne. Manquer de respect est plus subtil et peut se traduire par une attitude, un comportement. D'ailleurs, quand l'enfant n'obéit pas, le parent est en colère ; quand il lui manque de respect, il est profondément blessé. Il est donc important de bien établir la différence entre les deux, car le parent peut se contenter d'avoir un enfant obéissant, sans se rendre compte qu'il lui manque de respect. Certes, il met la table, mais en se moquant de ses parents ouvertement, il ricane quand on lui parle, hausse les épaules, se sert de leurs affaires sans soin, fouille dans leur sac, entre dans leur chambre sans frapper…

Le respect, ça s'apprend…

On l'a vu plus haut, si l'identification joue un rôle important, elle n'est pas la seule à entrer en jeu. Le respect relève aussi de l'éducation, donc des explications, de la répétition.

Très tôt, il faut apprendre à son enfant le respect du territoire familial, lui demander de penser à l'autre, à ce qui pourrait le déranger, comme laisser traîner ses jouets dans toute la maison, asperger la salle de bains et, plus tard, hurler au téléphone quand nous essayons de dormir… Prenons l'exemple des chaussettes qui traînent : l'ado ne pense pas forcément manquer de respect, il n'anticipe pas ce qui est désagréable pour nous, car y penser est une démarche active, qui ne va pas de soi. C'est donc aux parents de le signaler. La limite peut toutefois être floue : est-ce qu'il me manque vraiment de respect ? Est-ce que j'accepterais qu'il fasse la même chose à l'extérieur de la maison ? Est-ce que j'accepterais ce comportement de l'enfant de la voisine ? Répondre à ces questions peut servir d'étalon de mesure.

« L'enfant ne peut pas se conduire vis-à-vis des parents comme avec ses copains. »

Le respect à l'adolescence

À l'adolescence, un enfant qui a toujours été gentil et obéissant peut devenir soudain irrespectueux. Comme s'il avait oublié toutes les règles que nous avions essayé de lui inculquer. Il a besoin d'être rééduqué, de réapprendre le respect, même si les modalités changent. Car l'adolescent a de nouveaux droits, de nouveaux devoirs : un ado qui n'est pas d'accord avec ses parents ne fait pas montre pour autant d'irrespect ! En tant que parent, il faudra respecter ses nouveaux besoins, notamment son autonomie et sa liberté de pensée. Là encore, il faudra se poser la question : est-ce que je respecte son intimité ?

Tenir bon !

Et quand bien même il nous manquerait de respect, son attitude ne légitime pas que nous nous comportions comme lui. C'est vrai que l'adolescent a le talent de nous pousser à bout, mais il faut résister ! L'adolescent se croit tout-puissant, il faut être conscient que respecter les autres lui demande un gros effort. Souvent, il projette de façon agressive sur ses parents sa mauvaise image de lui-même, en utilisant un ton arrogant. S'en rend-il compte ? Pas toujours. Parfois, il ne s'entend pas car il manque de contrôle sur lui-même. Le rôle du parent est de lui faire prendre conscience de son attitude. Il faut éviter de banaliser ses dérapages, de le laisser faire sous prétexte qu'il fait sa crise, sans punir forcément, mais en le pointant, au risque sinon que l'irrespect aille crescendo. Si l'adolescent ne se respecte pas, néglige ses affaires, sa santé, ce sera toujours aux parents de l'aider à le faire, en évitant qu'il ne sorte mal habillé, manque de sommeil ou s'alimente mal. Même s'il ne se met pas en danger en étant sale, il faut l'aider à respecter son identité sociale.

Quand cela dégénère

Attention, quand les marques d'irrespect se multiplient, qu'il est irrespectueux à l'extérieur comme à la maison, son attitude trahit une vraie carence d'éducation, probablement une problématique plus profonde. Pourquoi ne pas se faire aider pour prendre du recul, peut-être se séparer un temps ? Les parents n'osent prendre ce genre d'initiative et c'est bien dommage. Imposer le

« Le respect se pose et parfois s'impose... »

respect passe parfois par des renoncements, en le laissant retourner vivre chez son père, ou en le mettant en pension par exemple. Nous avons une vision erronée du rôle du parent, qui devrait toujours faire face. À l'adolescence, nous pouvons nous retrouver piégé par la peur qu'il ne nous aime plus et en venir à accepter l'inacceptable. La culpabilité est bien sûr du voyage. Comment ? J'ai fait tous ces efforts pendant des années pour ce résultat ? La note à payer paraît élevée... Nous avons le sentiment d'avoir raté son éducation dont nous étions responsable et sommes tenté de jeter l'éponge alors qu'il suffirait dès le départ de remettre les pendules à l'heure. Parfois, une femme d'affaires qui se fait respecter au bureau n'arrive à rien avec son ado. Parce qu'elle se sent coupable d'avoir quitté son père ou de ne pas être assez là et que son ado en joue. Mais il est important de sévir, quitte à le priver de sortie si nécessaire. Imposer le respect passe par une certaine fermeté, et même s'il ne se résume pas à un simple rapport de force, il arrive qu'il faille l'exiger.

Le respect en ville

Un anonymat propice à l'irrespect

La vie en ville est stressante, bruyante. Les transports en commun obligent à une proximité désagréable. Comment se respecter mutuellement dans le métro à une heure de pointe, serrés les uns contre les autres comme des bestiaux ? Pourtant, nous nous étonnons de nous sentir peu respecté, prenons pour nous ce que vit aussi notre voisin… Si l'on revient à la définition du respect qui consiste à porter une attention, une considération à l'autre, dans ce contexte d'anonymat, nous sommes souvent à la fois acteur et victime. Cela dit, certaines conditions sont plus propices à l'irrespect. Si vous refusez de bouger quand une personne veut sortir de la rame, vous allez vous faire bousculer et crier peut-être à l'irrespect, alors que l'origine de l'incident est votre manque de sollicitude. De même, si vous vous installez volontairement près de la porte, il est certain que vous vous ferez malmener : peut-être cherchez-vous à en découdre inconsciemment ?

« Aller dans un grand magasin un samedi de soldes est une situation à haut risque pour le respect. »

Des jours plus que d'autres...

Quand nous sommes trop transparent, nous disparaissons, et les inconnus ne nous respectent pas. Avez-vous remarqué que c'est justement le jour où vous n'êtes pas au mieux de votre forme que tout le monde va vous passer devant dans la file de cinéma ou vous marcher sur les pieds sans vous demander pardon ? Pour l'éviter, il faut donner l'impression d'exister, sinon l'esprit de meute reprend le dessus. Comment ? Par votre posture. Bien sûr, certaines personnes ont un charisme tel que l'on s'écarte pour leur laisser le passage, tandis que d'autres devront jouer des coudes, mais la partie n'est pas perdue, loin de là ! Comme les comédiens, appropriez-vous l'espace. Comportez-vous comme si vous étiez quelqu'un d'important et, pour vous soutenir, pensez à des situations où vous avez été victorieux. Adoptez une posture stable, les pieds ouverts, le dos droit, la tête haute. Dans la ville, ce n'est pas un hasard si on pense à la loi de la jungle, ce sont les codes animaliers qui prévalent, il faut donc se comporter comme un dominant. La tenue joue aussi son rôle : une personne négligée se fera plus facilement manquer de respect. N'ayez pas le regard fuyant ou impénétrable. Regardez les gens, assez pour qu'ils vous voient, pas trop pour qu'ils ne se sentent pas dévisagés, juste reconnus par vous. Ils s'intéresseront alors à vous et vous porteront attention. Car, plus encore que par votre posture, vous désamorcerez à coup sûr les marques d'incivilité en essayant de créer un lien avec l'inconnu.

« Évitez d'être trop zélé en laissant passer tout le monde, il faut savoir prendre sa place. »

Créer du lien

Dès que l'on établit une alliance, le respect s'obtient plus aisément. Il suffit parfois d'un regard, d'un geste, d'un sourire et vous voilà alliés le temps du trajet Montparnasse-Nation. Ne recommande-t-on pas aux personnes qui se font enlever de créer rapidement un lien avec leur geôlier ? Ils ont ainsi beaucoup moins de risque d'être tués. Cela explique que l'on mette des cagoules à certains prisonniers pour éviter de croiser leur regard. Pour sortir de la rame,

« Le grand principe avec des inconnus : créer un lien par un mot, un regard, un sourire. »

c'est toujours la bousculade, mais si vous vous postez derrière une personne en lui demandant gentiment de vous laisser passer, elle se déplacera bien plus facilement que si vous lancez à la cantonade un « pardon, pardon » exaspéré. Une personne hurle au téléphone dans le train, sans se soucier des autres ? Plutôt que de l'agresser, soulignez-lui calmement qu'elle vous dérange. Le but ? Rappeler votre présence, car l'anonymat crée une tendance à oublier les autres, d'autant que le téléphone les isole encore plus.

Comment désamorcer un conflit ?

Vous bousculez une personne dans la rue et vous vous en excusez. Mais elle continue à vous poursuivre de ses foudres. Le plus calmement possible, demandez-lui, étonné : « Mais pourquoi êtes-vous aussi agressif ? » Par votre question, cela devient son problème… Ou bien, rajoutez-en, surtout si vous sentez que vous avez affaire à quelqu'un qui pourrait devenir menaçant physiquement : « Oh, je suis vraiment désolé, je m'en excuse, je ne sais plus où me mettre… » S'adresser des reproches est une façon de déposséder l'autre de son agressivité et permet de s'en aller sans prendre de coup… Dans le magasin, un commerçant ne vous dit ni bonjour ni merci ? Qu'à cela ne tienne, dites bonjour le premier ! Il ne répond pas ? Vous pouvez lui demander poliment : « Pourquoi ne dites-vous pas bonjour ? » Quand on se sent victime, la stratégie est de transférer son malaise sur l'agresseur : gageons que vous aurez toute la file d'attente avec vous. L'alliance, toujours l'alliance…

Un irrespect sans destinataire…

Autre scène banale : un automobiliste bloque le passage depuis un quart d'heure, se moquant de ceux qu'il gêne. Vous pouvez bien sûr klaxonner à tout rompre, gênant à votre tour tout le voisinage. Après tout, puisqu'il ne vous respecte pas, pourquoi est-ce que vous respecteriez les autres, pensez-vous, exaspéré ? Quand il s'agit d'inconnus, nous agissons volontiers en miroir. Que faire ? S'il est dans sa voiture, vous pouvez tenter la stratégie du lien, lui indiquer poliment que vous avez une urgence – gardez au passage en souvenir ce désagrément quand viendra votre tour de décharger votre coffre : un petit mot ou signe pour demander de patienter est toujours plus payant que de fuir tête basse. Ce manque de respect-là n'est pas dirigé contre vous, il s'adresse à tous. Si le temps de stationnement est éhonté, il est toujours possible d'appeler Police secours. Après tout, c'est un problème qui survient dans la ville, il y a des autorités compétentes pour le régler. Se faire respecter, c'est aussi se défendre, appeler à l'aide un policier quand vous êtes agressé.

> « Demander de l'aide n'est pas un aveu de faiblesse, mais une démarche active. »

Chercher un visage...

Prenons encore l'automobiliste qui fait cette fois une queue de poisson. Premier réflexe, l'insulter, deuxième réflexe, regarder sa plaque d'immatriculation. Si c'est à Paris et qu'il s'agit d'un provincial, voilà qui alimente notre racisme stupide de conducteur de la capitale ; à l'inverse, en région, le Parisien sera vilipendé tout aussi bêtement. Mais que faisons-nous ensuite ? Nous essayons de voir la figure du conducteur pour détecter s'il l'a fait exprès ou pas. Si on voit une petite dame à lunettes qui cherche sa route, on se calme, si on voit un type sûr de lui, on lui en voudra beaucoup plus, imaginant qu'il l'a fait volontairement. Quand nous sommes victime d'un inconnu, nous le vivons différemment selon qu'il a agi sciemment ou non. Dans le second cas, ce n'est pas un manque de respect, juste un manque d'attention.

Le respect est contagieux

Puisque le respect est contagieux, apprenons à respecter notre entourage. Vous faites une soirée dans l'immeuble ? Mettre un petit panneau pour prévenir les voisins suscitera de l'empathie et vous épargnera de voir débarquer la police à deux heures du matin pour tapage nocturne. Et gageons que le voisin qui recevra la prochaine fois s'inspirera de votre initiative. Prévenir, c'est être prévenant. Prenons l'exemple bien connu de la personne qui tient

« Restez sur vos gardes, évitez d'être trop confiant, la ville n'est pas l'univers des Bisounours. »

la porte du métro au suivant, pendant un moment, tout le monde va se tenir la porte, mais il suffit que quelqu'un brise la chaîne, la porte claque jusqu'à ce que quelqu'un d'autre la tienne à nouveau. Défendez les autres quand vous voyez qu'on leur manque de respect, c'est une excellente façon de restaurer votre image et d'être plus à même de vous faire respecter. Sans compter que cela vous entraîne à vous défendre vous-même…

Conclusion

Au terme de ce livre, nous espérons que vous avez identifié les motifs qui vous empêchaient d'être respecté, et que vous avez trouvé des pistes pour le devenir. Certes, le monde dans lequel nous vivons ne nous facilite pas la tâche, mais il faut résister. Après tout, nous en sommes en partie responsables, nous faisons partie de ce « monde de brutes ». Nous l'avons vu longuement, quand il n'y a pas de résistance, le respect disparaît. Se faire respecter est une lutte de tous les jours, mais on y puise une meilleure image de soi, elle-même alimentant la capacité à se faire respecter. C'est ce que l'on appelle un cercle vertueux... Ajoutons encore qu'en reliant les humains entre eux, le respect permet de supporter les différences, d'être attentif aux autres. Aujourd'hui où les actes de racisme et les replis se multiplient, il est bon de remettre cette notion au cœur de notre société.

Là où le mépris dresse un mur, le respect ouvre le dialogue et permet de n'être ni victime ni bourreau.

Un beau programme.

Des mêmes auteurs

Comment avoir de vrais amis ?
Albin Michel, 2008

Parents, osez vous faire obéir !
Albin Michel, 2007

Comment survivre quand les parents se séparent
Albin Michel Jeunesse, 2004

Du Dr Stéphane Clerget

L'amour 100 % ado
avec Noélie Vialet, Bayard Jeunesse, 2010

Ça sert à quoi les parents ?
avec Sophie Bordet et Clotka, Bayard Jeunesse, 2010

Quand je serai grand, je serai célèbre
avec Danielle Moreau, Michel Lafon, 2009

Les kilos émotionnels. Comment s'en libérer
Albin Michel, 2009

Devenir heureux... Ces épreuves qui font notre force
avec Karine Le Marchand, Philippe Grimbert
et Maryse Vaillant, Calmann-Lévy, 2009

Guide de l'ado à l'usage des parents
Calmann-Lévy, 2008

Maintenant, tu restes dans ton lit !
avec Anne Lamy, Albin Michel, 2008

La mère parfaite, c'est vous
avec Danièle Laufer, Hachette Littératures, 2008

Quel âge aurait-il aujourd'hui ?
Le tabou des grossesses interrompues
Fayard, 2007

Comment devient-on homo ou hétéro ?
J.-C. Lattès, 2006

La deuxième chance en amour
avec Sylvie Angel, Odile Jacob, 2006

Les pipis font de la résistance
avec Carine Mayo, Albin Michel, 2006

Élever un garçon aujourd'hui
avec Pascale Leroy, Albin Michel, 2006

Séparons-nous... mais protégeons nos enfants
Albin Michel, 2004

Ils n'ont d'yeux que pour elle
Fayard, 2002

Nos enfants aussi ont un sexe
Robert Laffont, 2001

Adolescents, la crise nécessaire
Fayard, 2000

Ne sois pas triste mon enfant
Robert Laffont, 1999

De Bernadette Costa-Prades

Réussir son nouveau couple et faire durer l'amour
avec Jacques-Antoine Malarewicz, Hachette, 2009

Apprendre à faire le vide
avec Paul Aries, Milan, 2009

Ce que les femmes préfèrent
avec le Dr Sylvain Mimoun, Albin Michel, 2008

Tu te souviens de 68 ?
Albin Michel, 2008

Les garçons (un peu) expliqués aux filles.
Les filles (un peu) expliquées aux garçons
Albin Michel, 2007

Frida Kahlo
Maren Sell, 2007

Simone de Beauvoir
Maren Sell, 2006

L'économie solidaire
avec Jacques Prades, Milan, 2005

Comment survivre dans un monde de brutes ?
Albin Michel, 2005

Comment survivre quand on est un garçon
avec Jacques Arènes, Albin Michel, 2003

Comment survivre quand on est une fille
avec Emmanuelle Rigon, Albin Michel, 2003

Comment survivre à l'école
avec Roland Beller, Albin Michel, 2002

Comment survivre en famille
avec Catherine Mathelin, Albin Michel, 2001

Le petit gorille
Mango, 2000

Résiste !
Syros Jeunesse, 1999

Dis non !
Syros Jeunesse, 1999

Devenir parent d'adolescent
Milan, 1999

Dans la même collection

Comment avoir de vrais amis ?
Dr Stéphane Clerget et Bernadette Costa-Prades

Parents, osez vous faire obéir !
Dr Stéphane Clerget et Bernadette Costa-Prades

Impression CPI Bussière en août 2010
à Saint-Amand-Montrond (Cher)
Éditions Albin Michel
22, rue Huyghens, 75014 Paris
www.albin-michel.fr
ISBN 978-2-226-21594-9
N° d'édition : 18688/01. – N° d'impression : 101936/1.
Dépôt légal : septembre 2010.
Imprimé en France.